AF611508

6 DÉCEMBRE 1910

MES

Cinquante Années

DE

Sacerdoce

(Abbé Coulanges)

REIMS

IMPRIMERIE JEANNE D'ARC

4, rue des Fusiliers, 4

6 DÉCEMBRE 1910

Mes Cinquante Années de Sacerdoce

A mes Paroissiens

Habebitis hunc diem in monumentum

Ce jour béni aura, dans votre mémoire, toute l'ampleur d'un monument. J'ai rassemblé, pierre à pierre, les éléments qui le composent pour en perpétuer le souvenir et pour laisser un hommage indestructible de reconnaissance à toutes les personnes qui m'ont honoré de leur sympathie en cette circonstance. Mes deux sœurs, qui ont assisté à la cérémonie depuis le commencement jusqu'à la fin, s'associent à tous les sentiments exprimés.

Naissance du Projet

C'était, à Sacy, dans le canton de Ville-en-Tardenois, la fête de l'Adoration Perpétuelle le 12 novembre précédent. J'avais chanté la Messe avec une sonorité de voix qui ne paraissait pas trop défaillante. La question d'âge fut posée. Ordonné en 1860, à l'âge de vingt-trois ans, j'avais dépassé ma cinquantaine de Sacerdoce. Aussitôt la célébration de mes noces d'or fut décidée d'enthousiasme et les pièces rondes s'alignèrent sur la table, pour faire face aux frais indispensables et pour l'acquisition d'une médaille commémorative ciselée à mon nom, avec les dates significatives : 1860-1910. La fête fut fixée au 6 décembre, pour ne pas dépasser l'année jubilaire et à cause de la fête de saint Nicolas, mon Patron secondaire.

Le projet, né à Sacy, prit bientôt de l'extension par le groupement des prêtres vouzinois, amis d'enfance et autres, vieux frères, élèves et survivants de l'Ordination.

Les Préparatifs

Aussitôt, les jeunes filles, sous la direction de Mlle Pauline Louis, se mettent à l'œuvre pour la préparation des chants et la confection des guirlandes qui tomberont de la voûte, qui s'accrocheront aux murailles, qui se dérouleront dans toute la longueur de l'église en gracieux festons. Une traverse enveloppée d'une draperie rouge et or dominera l'assistance et indiquera le motif de la cérémonie par l'inscription en lettres d'or qu'elle supportera dans un écusson : *Tu es sacerdos in æternum.* Un trône, en peluche et soie rouge, sera dressé dans le chœur, pour le célébrant et les assistants : diacre et sous-diacre. Des sapins garnis de roses orneront les encoignures. Le pavé du sanctuaire sera recouvert de tapis. Des fauteuils et des chaises y seront disposés pour la couronne des prêtres attendus.

La Messe

La première impression vivement ressentie et signalée par le rapporteur, c'est celle du silence et du recueillement de la foule qui se pressait dans l'église. Etait-ce l'effet de la décoration du lieu saint? était-ce la joie de vivre et de se trouver réunis en si grand nombre dans l'enceinte sacrée pour une pareille circonstance? était-ce le désir de participer à la longévité du jubilaire et le besoin de l'en féliciter? Il y avait de tout cela dans l'air.

La Recommandise

Elle suscita une émotion poignante. Elle comprenait:

— Son Eminence le Cardinal Gousset, qui m'a ordonné et tous les Archevêques qui lui ont succédé sur le siège de Reims, décédés depuis cette époque.

— Tous les prêtres du diocèse morts pendant cette période de cinquante ans, et en particulier les curés de Bezannes, M. l'abbé Ponsart, curé de Vouziers, qui a présidé à ma première Messe, et M. l'abbé Delahaye, mort curé de Saint-André, qui a été mon premier maître.

— Ma famille, notre fidèle servante, pendant cinquante-quatre ans d'un attachement inviolable et d'un dévouement sans borne.

— Les familles vouzinoises décimées par la mort, et en particulier la famille Vincent, qui m'a témoigné de l'intérêt dès les débuts de mon sacerdoce.

— Les familles rémoises que la mort a frappées et qui m'ont donné des preuves de leur dévouement assidu, et en particulier les familles Véroudart et Lambert, qui jouissent si justement de l'estime générale par les services de toutes sortes rendus au pays.

— Les fidèles trépassées de toutes les paroisses que j'ai desservies, et en particulier de Bezannes. Si des défaillances se sont glissées dans l'exercice de mon ministère pastoral, je demande à Dieu de leur accorder, à cette heure, des grâces de compensation.

— Et enfin toutes les âmes recommandées à ma sollicitude; si quelque chose manque encore à leur bonheur, je demande à Dieu la permission de lui faire violence et d'enfoncer les portes du Ciel pour les introduire au plus vite dans le céleste séjour.

A ce moment, l'émotion mal contenue du jubilaire gagne l'assistance, et le *De profundis*, commencé dans les larmes, s'achève dans un sanglot difficilement étouffé.

La parole est ensuite à M. l'abbé Ladame, Supérieur du Séminaire diocésain, qui est maintenant installé à Vouziers.

Discours de l'Orateur

Nous en avons demandé le texte à l'auteur, qui a bien voulu nous en faire hommage. Nous le remercions doublement. Ce discours est, en même temps, une page d'histoire du plus haut intérêt, qui embrasse les événements accomplis dans cet espace de cinquante ans, un éloge trop copieux du jubilaire et un hommage aussi judicieux que délicat rendu à la mémoire des prêtres qui se sont succédé à la cure de Vouziers, pépinière florissante d'aspirants à la prêtrise, où la sève sacerdotale n'est pas près de s'épuiser.

Discours de M. Ladame

Cher Monsieur le Curé,

Quand vous avez bien voulu me demander de prendre la parole à l'occasion de votre jubilé sacerdotal, j'ai cru lire dans votre lettre le désir très discret que ma louange n'allât pas au jubilaire, mais uniquement au divin sacerdoce dont il est revêtu.

A la réflexion, et en m'interrogeant moi-même, j'ai compris le sentiment qui dictait votre conduite.

Jeunes prêtres, — pourquoi ne l'avouerions-nous pas? — l'éloge qui nous accueille au jour de notre première messe, n'a rien qui nous déplaise. Que nous le détournions de nous pour le faire remonter du serviteur à Son Maître, que nous l'acceptions comme un idéal proposé ou seulement l'expression d'une trop bienveillante sympathie, nous ne le trouvons pas inopportun. Tout ne nous semble-t-il pas dû, quand, le front pâle encore, les mains tremblantes des premiers contacts divins, nous revenons dans la paroisse natale, vers la maison paternelle, dans l'église de notre baptême? Oui, tout, les fleurs sous nos pas, les chants des cloches dans les airs, le concours des prêtres, couronne de gloire, l'empressement des parents, des amis, des indifférents même, la vénération des chrétiens inclinant le front devant l'hostie que nous avons consacrée, ou sous notre pieuse bénédiction.

Plus tard, après vingt ans (qu'est-ce après cinquante?) nous ne jugeons plus ainsi. Du long et familier contact avec Notre-Seigneur, est né en nous, pour lui, un plus viril amour, lequel nous a dépris lentement de nous-même pour lui abandonner notre âme tout entière; et c'est pourquoi, si l'on veut parler de nous à l'occasion de notre sacerdoce, toute louange personnelle nous devient une souffrance, comme si, en l'acceptant, nous dérobions un rayon de gloire essentiellement réservée au Maître de notre vie.

Je ne vous louerai donc pas, CHER ET VÉNÉRÉ MONSIEUR LE CURÉ, mais j'interpréterai — moins éloquemment, certes, que vous ne les ressentez — les sentiments de votre âme sacerdotale en ce jour de jubilé.

Cinquante ans de sacerdoce: cinquante ans de travail, cinquante ans de responsabilité et, dussè-je sembler paradoxal, cinquante ans de vrai bonheur.

Cinquante ans de travail. Oh! la longue journée, dont les aubes disparaissent déjà dans l'histoire. Trois archevêques ont succédé à celui qui vous fit prêtre; en ce temps-là, Pie IX était Pape et Napoléon III empereur des Français. Vous avez chanté les *Te Deum* de l'Assomption, ceux de la guerre de Chine, ceux de l'expédition du Mexique, hélas! Vous avez pleuré les victimes de Castelfidardo, assisté, témoin stupéfait, aux coups de force contre la Papauté; l'Evêque de Poitiers et l'Evêque d'Orléans vous ont enseigné et défendu; vous auriez pu connaître Lacordaire; vous avez prié pour l'ouverture du Concile du Vatican, adhéré à ses décrets; hélas! vous avez vu les champs de bataille, ou plutôt de déroute; des blessés de la guerre ont expiré entre vos bras, et depuis . . . . . depuis, où sont les *Te Deum*, où les pompes royales de la Fête-Dieu, où le respect des pouvoirs publics, où l'intime union de l'Eglise et de l'Etat? Oh! oui, la longue journée de travail dont les dernières heures pèsent si lourdement sur vos bras fatigués, journée commencée sous la gaie lumière et dont le soir tombe d'un ciel bas, gros de nuages, que n'éclaire aucune étoile.

Cinquante années de responsabilité. Les prêtres, indulgents pour l'ordinaire au reste des hommes, se jugent eux-mêmes avec une inquiète sévérité. Quel que soit le labeur par eux accompli, ils l'estiment moins grand que n'ont été les grâces reçues; les années qu'ils consument dans le service de Dieu et des âmes leur semblent ajouter toujours à leur dette et nos vies s'achèvent — Jean Gerson le constatait déjà — dans l'humilité du serviteur inutile qui n'attend rien autre chose de Dieu que son infinie miséricorde.

Cinquante années de vrai bonheur surtout. Avec plus d'expérience que je n'en puis avoir, CHER ET VÉNÉRÉ MONSIEUR LE CURÉ, que les engagements sacerdotaux de notre vingtième année, nous promettent moins que la réalité ne nous réserve. Les épreuves — nulle vie sacerdotale n'en est exempte — sont plus grandes que nous ne l'imaginions; mais les joies aussi dépassent nos espérances, joies profondes, joies austères, fleurs mystiques épanouies du sacrifice, si enivrantes et si douces, que le premier usage que nous ferions de notre liberté recouvrée par hypothèse, serait de vous l'engager à nouveau, ô Seigneur: joies qui rappellent éminemment le bonheur de ces unions de la terre, dont la douleur seule resserre et trempe indissolublement les anneaux.

Tels sont, sans doute, les sentiments de votre âme, CHER ET VÉNÉRÉ JUBILAIRE. Que si vous m'avez interdit de vous louer, vous ne pouvez me défendre d'unir ma joie à celle de tous ceux qui remercient Dieu d'avoir ainsi prolongé vos années sacerdotales, et lui demandent d'y ajouter encore.

De cœur ils sont ici, n'en doutez pas, vos frères d'ordination et ceux qui sont retournés à Dieu (votre *memento* des Morts, tout à l'heure, dira leurs noms) et les survivants que les années de vieillesse semblent à peine avoir touchés. Les revoyez-vous tous? Celui-ci souriant dans sa retraite à ses livres d'histoire et à ses compositions poétiques; celui-là que la prière de son Evêque a pu, seule, faire consentir au repos; l'un modeste autant que prudent; l'autre si bon, sous sa très rude écorce; le dernier, enfin, douce image tombée, semblerait-il, des marges de la Légende dorée.

Votre joie est aussi la joie de la paroisse, la joie de toutes les âmes — et le nombre en est grand — que vous avez baptisées, enseignées, pardonnées, communiées, bénies, sacerdotalement aimées, consolées, oui consolées surtout; c'est la joie de vos amis d'enfance: l'un d'eux est venu apporter le précieux témoignage de sa longue fidélité; c'est la joie enfin de votre paroisse natale, de notre Vouziers, dont je prends l'assurance de vous parler.

Aussi bien, en esquissant l'histoire sacerdotale de la petite cité pendant un siècle, évoquerai-je de chères images qui ne peuvent être absentes de cette fête; par ailleurs, si les noms ne disent rien à vos souvenirs, mes frères, les exemples auront leur muette éloquence; mieux qu'un exposé théorique, ils vous parleront de la grandeur du sacerdoce, et, en ressuscitant ces noms du passé, c'est encore de votre pasteur que je vous entretiendrai, puisqu'il leur a emprunté, je crois, le meilleur de lui-même.

Les premières physionomies sacerdotales que rencontrent mes souvenirs, ne sont pas sans relief: Houssart, le curé de Vouziers au début de la Révolution; Desbans, son vicaire; Paul Thierrot, desservant d'Avançon; Elie Berthe, curé de Muizon, ces derniers natifs de notre bourg. Berthe, Thierrot et Desbans refusèrent de jurer le serment: ils étaient jeunes, d'ailleurs, la frontière était proche et l'exil sans doute ne durerait pas. En réalité, l'exil dura dix ans, avec son inaction désespérante, ses fières détresses, ses douleurs mal cachées. On vendit, entre temps, les biens des proscrits à l'encan, et, quand ils revinrent en France, ils n'avaient gardé d'autre richesse que leur honneur sacerdotal. Houssart était mort depuis longtemps; un des derniers actes du vieillard avait été une protestation de fidélité à la hiérarchie catholique. Du district, on lui avait mandé que les huiles bénites par l'Evêque intrus des Ardennes attendaient qu'il vînt les chercher. « Qu'elles y restent », répondit-il, et l'on ne put obtenir qu'il bougeât. A la restauration du culte, François Croutel, protonotaire apostolique et commissaire épiscopal de l'Evêque de Metz, fut nommé à la cure de Vouziers. Il avait, lui aussi, connu les mauvais jours des émeutes et de l'exil, et sans doute il en était resté meurtri, car il mourut, presque jeune, en l'année 1806. C'était un cœur bon; dans ses délicates fonctions de réconciliateur assermenté, il pansait les plaies, ne les aigrissait pas; l'ex-curé constitutionnel de Vouziers lui dut de rentrer dans la communion de l'Eglise et de saintement mourir.

Oh! l'aimable physionomie que celle de J.-B. Mainbournoux,

telle que l'a popularisée notre gravure locale: un bon vieillard à longs cheveux, le visage plein, très calme et tout souriant, éclairé par deux yeux pétillants de malicieuse bonhomie. Il avait confessé la foi, subi l'exil, vu ses biens à l'encan, rétabli son église en ruines, relevé le culte en détresse, administré dans des temps particulièrement difficiles une paroisse toujours délicate à régir. Il ne se croyait pas pour cela un héros. Entouré de la vénération affectueuse de la population, il entra doucement dans la vieillesse, puis dans la sénilité et, le 13 août 1847, presque en la vigile de l'Assomption, il acheva de mourir.

Le prêtre qui nous enseigna les éléments de la langue latine a compté parmi les plus distingués de notre famille diocésaine, et il ne faudrait pas chercher longtemps pour retrouver en vous son ineffaçable empreinte. L'abbé Ponsard vous accueillit, jeune prêtre, dans son église. Ce n'était pas un esprit médiocre et l'on a loué en lui l'orateur aux nobles idées et aux expressions de simplicité élégantes. J'ai pensé souvent à la dernière journée qu'il passa à l'ombre de sa vieille église, sous les ombrages du presbytère, en face du splendide horizon qui ferme notre vallée d'Aisne. N'eut-il pas un regret de s'arracher à tant de souvenirs et le Chapitre métropolitain le consola-t-il jamais de les avoir quittés? Je ne sais, mais je ne le crois pas.

L'archiprêtre Bouché lui succéda. On ne saurait dire de lui qu'il manquait de personnalité. Il est de ceux dont on ne mesure bien la taille que le jour où la mort les a couchés par terre. Indifféremment, il aurait pu devenir brillant orateur, conférencier réputé ou professeur de renom; son intelligence concevait de vastes desseins et son âme se haussait sans peine jusqu'à l'héroïsme. Il sembla toutefois n'avoir désiré qu'une chose — et vous ne l'en blâmerez pas, MONSIEUR LE CURÉ — laisser après soi un parfum de pénétrante bonté. Ainsi régie par des hommes inégaux de talents, mais de vertu semblable, Vouziers ne pouvait manquer de donner à l'Eglise de Reims, la joie de nombreuses vocations sacerdotales. Mais quel mystérieux dessein semble avoir décidé que beaucoup entreverraient le sacerdoce, mais n'en connaîtraient pas le bonheur. Plus d'une tombe virginale de lévite jalonne notre cimetière: Grandremy, qui mourut, disait-on, en odeur de sainteté, Lapie, Charles Cyr, Guérin, Hubiche, Nautré. D'autres ont servi et honoré l'Eglise: Daux, au début du siècle, Mudessain, Mathieu qui mourut curé de Brécy, Puiseux qui dort l'éternel sommeil à Jérusalem, dans les caveaux de N.-D. de France, les deux Neveux, vous-même et tous ces prêtres présents qui me pardonneront de ne point les nommer. Dieu, d'ailleurs, n'a point retiré de nous sa main miséricordieuse, et dans la grosse tour, les cloches de nos premières messes sonneront encore, MONSIEUR LE CURÉ, l'*Alleluia* des jeunes sacerdoces triomphants.

Je termine.

Au temps où vous nous enseigniez, CHER MONSIEUR LE DOYEN de Saint-Jacques, c'est-à-dire le temps où les professeurs d'humanité faisaient encore des citations, vous nous rappeliez quelquefois le vers du poète:

Regis ad exemplar...

et le reste. C'est ainsi, MONSIEUR LE CURÉ, que vous vous êtes successivement modelé sur tous les prêtres dont le souvenir ou les exemples ont enseigné et régi notre jeunesse, jusqu'au jour où vous avez compris que la lumière qui brillait en eux n'était pas leur lumière, mais seulement le reflet d'un foyer de vie, d'intelligence et d'amour que nous nommons Jésus-Christ et que nous adorons. Vous étant dès lors tourné vers lui, vous vous êtes appliqué à retracer en vous — à la mesure humaine — chacune des diverses vertus que vous adoriez dans l'incomparable Modèle. Nous devons les esquisser toutes dans notre âme, mais Dieu ne nous interdit pas de faire entre elles une élection de préférence. Seriez-vous apôtre au verbe enflammé, docteur de vérité, ascète de pénitence, cœur miséricordieux aux pêcheurs repentants? Vous l'auriez pu excellemment. Votre choix fut plus modeste: vous seriez bon, très bon, bon sans mesure.

De ce choix, voulez-vous me permettre de vous féliciter? Les hommes qui ont vécu et sont capables de réfléchir, avouent la grande vanité des choses humaines: vain, l'éclat de notre intelligence, car il s'évanouit bientôt; vain, le charme de nos conversations, car promptement il se dissipe; vaine, la politique de nos projets; vains, les honneurs; vains, les calculs de l'ambition. Seule, la bonté demeure qui n'engendre pas la lassitude ni ne connaît les décadences du déclin.

C'est la vôtre, MONSIEUR LE CURÉ, qui a groupé autour de vous tant de cœurs fidèles et d'obligés reconnaissants; c'est elle qui projette sa douce et vivifiante lumière sur vos années de vieillesse; c'est elle qui vous a donné la plus grande ressemblance que l'homme puisse exprimer en soi avec Jésus-Christ; c'est elle qui vous fait envisager avec un calme espoir l'approche de Celui qui a promis miséricorde aux miséricordieux; elle enfin, qui après plusieurs années (Dieu veuille les multiplier), vous amènera dans le temple où nous communierons éternellement à l'Eternel Sacrifice.

Bezannes, 6 nov. 1910.

JEAN LADAME.

Les Chants

Le compte-rendu que nous publions plus loin les a soulignés. Il a même inséré une strophe de la cantate composée par le jubilaire pour la circonstance, dans le but d'associer la paroisse à sa reconnaissance. Nous la donnons en entier, pour être jointe à ce faisceau de souvenirs.

Cantique d'actions de grâces

1

Chantons du divin Bienfaiteur
La gloire et la magnificence.
Chantons avec notre Pasteur
L'hymne de la reconnaissance.

2

Son cœur, de joie, a palpité.
Voilà cinquante ans qu'il est prêtre!
Et prêtre pour l'éternité,
En ce jour qui vient de paraître.

3

Dieu lui dit, comme à son Fils Roi:
« A ma droite, viens prendre place.
« Sur mon trône, à côté de moi,
« Mon Fils, dans mes bras je t'enlace.

4

« Tu boiras de l'eau du torrent,
« Mais tu relèveras la tête
« Et, sans mouiller ton vêtement,
« Tu traverseras la tempête. »

5

Quand viendra l'heure du combat,
Il affrontera la mitraille
Pour aller porter au soldat
L'ardeur au fort de la bataille.

6

Du Ciel dévoilant les splendeurs,
Aux yeux de celui qui succombe
Il adoucira les horreurs
Inévitables de la tombe.

7

Il est l'ange consolateur
A côté de tous ceux qui pleurent,
Il est un puissant protecteur
Au chevet de tous ceux qui meurent.

8

Sa main fait fumer l'encensoir
Au temple, à l'heure du mystère;
Il fait, du matin jusqu'au soir,
Vers le Ciel monter sa prière.

9

Il fait couler un nouveau sang
Par le repentir dans les âmes:
Par l'Eucharistie il répand
Le baume et de célestes flammes.

10

Issu du peuple, il le comprend;
Son sort le plus digne d'envie,
Occupant près de lui son rang,
C'est de donner pour lui sa vie.

11

Il ne connaît pas d'ennemis.
Il aime l'Eglise et la France;
Mais les enfants sont ses amis:
Il leur donne la préférence.

12

Pendant ces cinquante ans passés,
Quel faisceau de tendres caresses!
Quel monceau de fruits entassés!
Merci, mon Dieu, de vos tendresses.

13

Mettez le comble à vos bienfaits,
Seigneur; que votre jubilaire,
Ici, dans une douce paix,
Prolonge encore sa carrière.

14

Aux fleurs nombreuses du printemps,
Ajoutez les fleurs de l'automne
Qui, comme autant de diamants,
Viendront embellir sa couronne.

15

A vous qui montez à l'autel,
Ses compagnons du sanctuaire,
A vous, prêtres de l'Eternel,
En ce jour sa chaude prière.

16

A vous, les élus de son cœur,
Les derniers élans de son zèle!
Vous avez la place d'honneur,
A sa tâche, il sera fidèle.

Explosion de Reconnaissance

Le jubilaire demanda aux jeunes filles pardon d'interrompre le chant de la Cantate: il lui tardait de laisser couler le flot qui débordait de son cœur. Et d'abord, il dit aux chanteuses elles-mêmes, merci d'avoir si bien traduit sa pensée; et ensuite, merci aux décoratrices de l'église, pour le tact et le bon goût qu'elles avaient déployés; merci aux artistes qui, par leur talent, avaient imprimé à la cérémonie un cachet de solennité spécial; merci aux confrères du canton de Ville-en-Tardenois, qui avaient été les promoteurs de la fête et qui étaient mes témoins que je n'avais pas sollicité les honneurs qui m'étaient décernés; merci en particulier au bon Doyen de Ville, qui, par sa franchise et sa loyauté, s'est concilié l'estime générale et un prestige incontestable; merci à M. le Doyen de Saint-Jacques, dont la grandeur d'âme est à la hauteur du poste élevé qu'il occupe. Se tournant vers M. le Supérieur, il s'excuse de ne pas lui avoir donné le premier rang dans la série des mercis, pour les paroles éloquentes qu'il a prononcées, qui ont fait une impression profonde sur les auditeurs et qui produiront des fruits de salut. Il dit encore merci aux prêtres vouzinois, dont la démarche est si méritoire par la distance qu'ils ont parcourue pour venir serrer la main de leur compatriote dans cette circonstance.

Merci aux autres membres de la famille sacerdotale qui lui sont attachés par des liens divers.

Merci à ses paroissiens, d'avoir si bien répondu à son appel, dont les cœurs battent à l'unisson avec le sien; il est heureux de tendre la main à tous, sans exception, et il demande à Dieu que ces liens ne se brisent jamais.

Et enfin, il dit merci aux vieux amis de Vouziers et de Reims, du Midi, des Ardennes, de Paris, qui ont au plus haut degré le culte du souvenir et qui pratiquent si bien la religion de l'amitié.

Le discours et le bouquet de Mlle Suzanne Rochet

Ce fut le digne couronnement de la fête à l'église. Nice avait fourni les fleurs, Bezannes avait formé la gerbe de jeunes filles rassemblées autour de leur Pasteur, qui répondit à leur discours dicté par le cœur, par quelques paroles jaillissant du cœur. Autant qu'il s'en souvient, il leur a dit: « Les sentiments que vous exprimez vous honorent; ce sont des principes d'ordre familial et social que vous énoncez et qui sont la base de la société. Le respect et l'amour de Dieu, le respect et l'amour du clocher et du foyer, le respect et l'amour du prêtre sont comme les branches d'un arbre sur lequel se greffe le bonheur. Ce sont comme les rameaux de ce grand arbre planté par Dieu lui-même dans le sol de l'humanité: Un seul Dieu tu adoreras, Tes parents tu honoreras afin de vivre longuement. Ne brisez pas les rameaux, ne les séparez pas du tronc, si vous voulez en récolter les fruits savoureux et abondants.

MONSIEUR LE CURÉ,

Quand, à la fin d'une journée de dur labeur, le bon ouvrier s'arrête pour prendre quelque repos et jeter un regard en arrière sur le travail accompli, il éprouve un sentiment de légitime fierté. Sa conscience lui dit: « Tu as fait ton devoir, le maître sera content de toi. »

Vous aussi, MONSIEUR LE CURÉ, vous êtes l'ouvrier du bon Dieu, et votre tâche a été bien remplie; pendant plus d'un demi-siècle, vous avez été un bon et loyal serviteur.

Vous avez apporté dans l'accomplissement de votre tâche toute votre énergie, tout votre dévouement, tout votre cœur.

Vous avez été bon prêtre, selon la volonté de Dieu; vous avez été bon patriote et, aux jours d'épreuves, quand la France, mutilée, versait sur les champs de bataille le meilleur de son sang, sur la robe noire du prêtre, vous avez porté noblement et fièrement la croix rouge du patriote sans peur, qui prodigue au blessé les soins qui apaisent la souffrance, et la parole du prêtre qui réconforte le cœur et fait renaître l'espérance.

Aussi, après avoir été à la peine, vous méritez bien d'être à l'honneur. Et c'est pour fêter ce glorieux anniversaire de vos cinquante années de prêtrise et de fidélité au devoir, que nous venons, enfants de Bezannes, vous exprimer nos sentiments les plus affectueux et nos cordiales félicitations.

Nous demandons à la divine Providence qu'elle daigne, dans sa bonté infinie, accorder à votre cœur de prêtre d'abondantes bénédictions et vous conserver de longues années encore au milieu de cette paroisse.

C'est aussi le vœu le plus cher de nos bien-aimés parents, de vos amis, de tous ceux qui ont voulu, par leur présence à cette cérémonie, vous donner un témoignage de leur profonde estime, de leur respectueuse sympathie et de leur vive reconnaissance.

Comme gage de ces sentiments et au nom de la jeunesse de Bezannes, nous vous prions de vouloir bien accepter ces fleurs de l'amitié.

SUZANNE ROCHET.

Mardi 6 Décembre 1910.

Première Fête au Presbytère

La cérémonie à l'église s'est terminée par un *Sub tuum* pendant lequel les prêtres ont quitté leurs vêtements sacerdotaux, et ensuite on s'est rendu au presbytère pour vider ensemble la coupe mousseuse de l'amitié et manger la brioche brûlante du souvenir.

Le presbytère était ouvert à tous, tous y étaient admis. Il fut bientôt envahi. Charmante invasion qui ne laisse que des traces avouables et des impressions délicieuses.

La réception, hélas! fut de trop courte durée, mais elle produisit un effet merveilleux d'enracinement dans le sol, d'attachement au pays qui comprend si bien les lois de l'hospitalité et du dévouement réciproque.

Le Banquet

Il était servi par M. Laluëq dans une pièce particulière bien aménagée pour ces sortes de réunions. Le menu importe peu. Ce qu'il y avait de meilleur, c'était le plat de l'amitié toujours en circulation, accommodé aux sauces les plus variées et les plus succulentes. Le poisson a été envoyé de Cette par un ami. La blonde liqueur a été offerte par un des convives. Les deux plats de résistance ont été les discours de M. le Doyen de Saint-Jacques et de M. le Doyen de Ville-en-Tardenois.

Discours de M. l'abbé Legras

On le trouvera plus bas, dans l'article complémentaire.

Discours de M. Lang

C'était le 12 novembre dernier. La paroisse de Sacy fêtait l'Adoration perpétuelle. On remarquait surtout le célébrant qui, malgré le chemin parcouru à pied et les fatigues du jeûne, apportait à table, à midi, une humeur et un entrain étonnants.

Comme nous le félicitions de sa verte vieillesse, il nous avoua qu'il se sentait encore au cœur le courage et la force des jeunes, et que, pour lui, la glace de l'âge était en retard sur les années. Nous apprîmes ainsi qu'il comptait soixante-treize printemps et cinquante années de prêtrise!

Et nous de l'en féliciter et de lui dire: « A quand la cinquantaine? »

La fête d'aujourd'hui venait d'être décidée, et c'est le jour de saint Nicolas, second nom de M. l'abbé J.-N. Coulange, que notre vénéré confrère a choisi pour célébrer son jubilé sacerdotal.

Nous nous sommes unis à lui, pendant la sainte messe, par la prière et l'action de grâces pour ce grand, ce rare privilège. Il était juste, dès lors, de nous donner une petite place à ces agapes fraternelles.

Sans doute, les parents, la famille paroissiale et les vieux amis avaient droit, ici, à la préférence. Mais son cœur est si large qu'il nous accorde des places de faveur.

Et pourtant, nous ne sommes pas si étrangers pour notre jubilaire.

M. l'abbé Coulange était, autrefois, curé de Bouilly, dans le doyenné de Ville-en-Tardenois. Plus tard, après les événements de 1870, où il encourageait les efforts de notre malheureuse armée comme aumônier militaire, je l'ai connu à Courville, dans le doyenné de Fismes, que je bordais comme curé de Savigny et de Serzy, et c'est là que nous avons, côte à côte, fait nos campagnes pastorales.

En souvenir de ces relations de bonne confraternité dans le passé, et en reconnaissance de l'honneur que vous nous avez fait, CHER AMI, en nous invitant à cette fête de vos noces d'or sacerdotales, les prêtres de Ville-en-Tardenois, ici présents, s'unissent à leur doyen pour vous souhaiter encore des années de santé et de succès dans le saint ministère, et enfin — *post multos!* — une belle place parmi les phalanges sacerdotales au ciel. Qu'alors saint Pierre triomphe de votre modestie, en vous appelant une dernière fois dans la langue de cette terre: *Coule ange* de l'église de Bezannes; plus haut est ton trône!

Comme gage de ces sentiments, ils vous offrent, par ma main, ce modeste mais pieux souvenir.

J. LANG,
Curé de Ville-en-Tardenois.

Article du journal l'*Union Vouzinoise*

relatant la cérémonie déjà pompeuse de la première Messe.

SAMEDI 7 SEPTEMBRE 1860.

Mercredi dernier a eu lieu, dans l'église de Vouziers, une solennelle et bien touchante cérémonie. M. Coulange, jeune prêtre vouzinois, y célébrait sa première messe. L'intérêt qui s'attache partout à ce premier début d'un ministre des autels, s'était accru en cette circonstance, de la considération, nous pouvons même dire de l'affection, que portent les habitants de Vouziers à un jeune homme qui n'a cessé, depuis de longues années, de démontrer, tant par sa conduite que par ses persévérants efforts, la sincérité de sa noble vocation. Aussi l'église était-elle remplie, non seulement de tous les membres de la famille de M. Coulange, mais d'une foule de ses concitoyens, heureux de lui accorder cette marque de sympathie. On pouvait encore remarquer dans les stalles du chœur et à l'autel, presque tous les curés des paroisses voisines; puis M. l'Archiprêtre, curé de Vouziers, dont la bienveillance pour le jeune lévite ne s'est jamais démentie, ce qui est pour ce dernier le plus bel éloge qu'on puisse lui adresser.

M. Coulange, bien qu'il nous ait semblé fort ému, a rempli avec beaucoup d'aisance le premier acte de ses fonctions sacerdotales. Déjà, on avait pu, six semaines auparavant, apprécier dans un sermon qu'il fit à l'église de Vouziers, sa facilité d'élocution, la sonorité de son organe et la grâce onctueuse de ses gestes; la cérémonie dont il est question est venu confirmer les espérances qu'il avait fait concevoir.

M. Delahaye, curé de Petit-Givet et ancien vicaire de Vouziers, a prononcé le sermon d'usage. Gravité et immense portée religieuse et sociale du sacerdoce, renoncement du prêtre à toutes les joies de ce monde, comme aux intérêts temporels, pour consacrer les forces de son corps et de son intelligence aux besoins spirituels de ses ouailles, qu'il prend au berceau pour les accompagner jusqu'à la tombe: voilà, en deux mots, le sujet traité par l'orateur, dont les habitants de Vouziers ont entendu de nouveau, et avec un bien vif plaisir, la voix éloquente et persuasive.

On avait dressé à la porte de la maison habitée par la mère de M. Coulange, et où avait lieu la réunion de famille, un arc de triomphe sur lequel on lisait les mots:

TU ES SACERDOS IN ÆTERNUM.

Et le jeune prêtre, en rentrant, a adressé d'une voix émue, aux personnes qui l'avaient accompagné jusque là, quelques mots de remerciements que nous n'avons pas pu saisir, sans quoi nous les aurions reproduits avec le plus grand plaisir, car nous pensons qu'ils devaient être aussi bien sentis que noblement exprimés.

Deuxième Fête au Presbytère

Réunion des jeunes filles et des enfants, après le départ des invités étrangers, agapes vraiment familiales où régnait la plus franche cordialité.

Dans la chaumière des pauvres

Le vœu de Henri IV ne s'est pas précisément réalisé. Ce n'était pas la poule au pot, mais c'était un bouillon de fête dans la marmite et un morceau de pain de plus dans la huche. Le consentement avait été demandé à l'avance, de sorte qu'il y a eu épanchement de joie un peu partout.

Des drapeaux tricolores auraient pu être arborés dans l'église, mais enfin la note patriotique n'a pas fait défaut, comme on l'a vu par le discours de Mlle Suzanne, principalement.

Premier Compte rendu

Le vieux frère me permettra de le nommer. C'est M. l'abbé Dieudonné, curé d'Avenay. Le vieux frère c'est moi, c'est-à-dire c'est moi l'aîné, c'est lui le plus jeune... Sur ma réserve d'années d'existence, je partagerais volontiers avec lui pour l'accomplissement de sa tâche.

Noces d'or sacerdotales. — On nous écrit:

« Honneur à vous, braves habitants de Bezannes, qui avez, dans la journée du 6 décembre, accompli simplement et noblement votre devoir! Evidemment, ceux qui prétendent que les Champenois sont froids, incapables d'enthousiasme, ne connaissent pas le coin de terre où Dieu a planté votre coquet village! Certes, rare est l'occasion qui vous était offerte, de montrer à tous le souci que vous avez de votre dignité; rares sont les paroisses du diocèse qui ont l'insigne privilège de célébrer le jubilé sacerdotal de leur pasteur. Vous avez compris tout ce que renferme de grandeur et de sublimité cette religieuse manifestation, et pour témoigner votre reconnaissance à celui que la Providence a placé à la tête de votre charmante église, vous n'avez épargné ni vos fatigues, ni votre dévoué concours. Au nom de tous, honneur à vous, habitants de Bezannes, et cordial merci.

En ce jour béni du 6 décembre, M. l'abbé Coulange, curé de Bezannes, célébrait ses noces d'or. Tout le monde connaît la modestie du vénéré jubilaire, et cette modestie l'aurait empêché de prétendre aux honneurs qui, à cette occasion, lui ont été rendus. Mais aussi, tout le monde connaît son inaltérable bonté, tout empreinte d'une loyale bonhomie, et ses confrères du voisinage, plus particulièrement ceux du canton de Ville-en-Tardenois, dont il a su se faire aimer, bien qu'administrativement la paroisse qu'il dirige appartienne au doyenné de Saint-Jacques, n'ont pas cru devoir laisser inaperçue cette circonstance, à tous égards importante dans la vie d'un prêtre.

Au moment où, par le petit train de banlieue, nous arrivons à Bezannes, la pluie tombe en rafales; toutefois, malgré ce fâcheux contre-temps, le petit village respire un air de fête; de toutes les rues débouchent des groupes nombreux, abrités sous les parapluies qui ruissellent, et se dirigent, joyeux, vers l'église qui elle-même a revêtu ses plus beaux atours. Ce ne sont partout que fleurs disposées avec goût, oriflammes aux devises symboliques, festons et astragales; mais, ce qui en fait le plus magnifique ornement, ce sont ces foules massées dans l'enceinte trop étroite pour les contenir. A voir la joie qui rayonne sur tous les fronts, on se croirait au sein d'une immense famille qui vient témoigner au père, tendrement aimé, son respect et son affection.

Dans ces foules, nous distinguons quelques visages connus: celui de l'aimable docteur Henri Vincent, le compagnon d'enfance de M. l'abbé Coulange, bon comme lui, aimable comme lui, de cette amabilité dont nos jeunes générations semblent, hélas! chaque jour perdre le secret; c'est le docteur Louis, dont la voix, tout à l'heure, s'élévera douce et mélodieuse, pour chanter les gloires du Prêtre éternel; c'est M. Mennesson-Aubert qui veut continuer, avec M. l'abbé Coulange, les traditions si bien inaugurées par son père envers M. l'abbé Delahaye, premier maître du vénéré jubilaire; c'est... mais je ne veux pas allonger cette énumération pour ne pas commettre d'oubli, toujours regrettable.

Avant que commence la cérémonie, je tiens à aller offrir, à la sacristie, le tribut de mon affectueux et fraternel respect à celui en l'honneur de qui sont préparées toutes ces mangnificences. Le visage de M. l'abbé Coulange me paraît un peu fatigué; mais à travers cette fatigue on voit aussi percer je ne sais quelle légitime fierté. Pendant cinquante ans, il a été à la peine; n'était-il pas bien juste qu'un jour il fût à l'honneur? En vain j'essaye de lui adresser quelques paroles de félicitations; il n'a pas le temps de m'écouter. Absorbé par les préoccupations du moment, il voit à tout, ne voulant rien abandonner à l'imprévu, désireux surtout que la cérémonie se déroule dans le calme, l'ordre et la majesté.

Quand tout est bien organisé, le cortège s'avance de la sacristie vers l'autel, pendant qu'au beffroi les cloches sonnent à toute volée et font entendre leur joyeux carillon. Autour de l'heureux jubilaire, une vingtaine de confrères, parmi lesquels M. le chanoine Legras, doyen de Saint-Jacques; M. le chanoine Ladame, supérieur du petit Séminaire, compatriote de M. l'abbé Coulange;

M. l'abbé Lang, doyen de Ville-en-Tardenois, forment une escorte d'honneur et prennent place dans le chœur, où chaises et fauteuils leurs sont réservés.

Bientôt le saint sacrifice commence, offert par M. l'abbé Coulange, qu'assistent, comme diacre et sous-diacre, deux enfants de Vouziers, M. Tonnel, curé de Fromelennes, et M. Gonon, curé des Hauts-Buttés. Pendant qu'au lutrin s'élèvent les chants de la sainte liturgie, j'en médite les paroles si graves et si solennelles: *sit illi sacerdotii dignitas in æternum!* Alors je repassa, par la pensée, les cinquante ans de sacerdoce de l'abbé Coulange; je rappelle à mon souvenir quelques-unes de ces années qu'il m'a été donné de vivre non loin de lui, je pense à ce sacerdoce tout de labeur et de responsabilité qui trouve son épanouissement et sa consommation dans le sacerdoce éternel du Christ.

A l'Evangile, M. l'abbé Coulange recommande en termes émus, d'une voix entrecoupée par les sanglots, ceux qui ont, depuis cinquante ans, quitté cette vallée de larmes, ses parents, sa vieille servante qui, pendant plus de cinquante ans, a rendu à sa famille et à lui-même tous les services d'un indéfectible dévouement, les prêtres qui ont contribué à développer sa vocation naissante, tous ceux qu'il a assistés à leurs derniers moments, pendant les cinquante années de son ministère.

Puis, M. le chanoine Ladame prend la parole, et l'allocution qu'il nous adresse est, pour nos âmes, un véritable régal; régal au point de vue de la forme, d'une littérature impeccable; régal au point de vue des pensées sublimes si noblement exprimées; régal au point de vue du goût d'une exquise délicatesse. Dans un magnifique exorde, l'orateur, s'excusant de ne pas entreprendre ici l'éloge de celui dont il connaît la modestie, éloge d'ailleurs qui se trouve dans tous les cœurs et sur otutes les lèvres, commente ces paroles du poète latin: *Grande ævi spatium*, de façon très ingénieuse, déroulant à nos yeux les principaux événements qui se sont accomplis dans l'histoire, dans la vie politique des peuples depuis cinquante ans. « L'aube de votre sacerdoce, dit-il, s'est épanouie dans l'ordre, dans le calme et la paix; alors, les principes qui font les sociétés durables étaient connus et respectés. Mais, hélas! les événements se sont précipités qui ont sapé ces principes et ébranlé les fondements de ces sociétés. Après cinquante ans écoulés, la nuit tombe du ciel sur nos âmes apeurées, ne nous laissant peut-être aucun rayon d'espérance pour l'avenir. Et c'est au milieu de ces événements, pleins de troubles et de désastres, que s'est accomplie votre vie sacerdotale, vie d'immenses *labeurs*, car la devise du prêtre se résume en ces deux mots bien connus:

« Vive labeur! ». Vie de *responsabilités*, parce que le prêtre, toujours disposé à l'indulgence pour les autres, doit se réserver pour lui-même toutes les sévérités quand il compare ce qu'il est avec le divin Modèle des prêtres qu'est le Christ; vie de surnaturelles *consolations* puisées dans le devoir accompli, puisées chaque jour à l'autel du sacrifice.

Puis, pour mieux mettre en lumière par des exemples ces magnifiques enseignements, M. le chanoine Ladame, qui est venu aujourd'hui honorer, en la personne de M. l'abbé Coulange, un enfant de Vouziers, mais qui n'oublie pas que lui-même a passé en cette bonne ville sa vie presque tout entière, nous fait la nomenclature succincte des prêtres qui, depuis cent ans, ont dirigé cette paroisse, des prêtres et des lévites qui sont sortis de son sein, déterminant par un trait rapide, par un exemple frappant, la physionomie particulière des uns et des autres, édifiant ainsi, par l'ensemble du sacerdoce ardennais, une éblouissante mosaïque bien faite pour nous faire comprendre ce que doit être et ce qu'est en réalité le sacerdoce chrétien.

Enfin, dans une vibrante péroraison, M. le chanoine Ladame, revenant à l'éloge du vénéré jubilaire, dit: « Le sacerdoce éternel du Christ est le modèle du sacerdoce chrétien; les prêtres, ici-bas, doivent s'efforcer de réaliser en eux-mêmes les vertus de ce sacerdoce. Toutefois, il en est quelques-unes qui s'adaptent mieux au tempérament de ceux que Dieu appelle à cette sainte vocation; les uns sont orateurs, les autres exercent leur sacerdoce dans la vie contemplative, d'autres encore dans les ardeurs de la lutte. Celle des vertus du sacerdoce du Christ, que M. l'abbé Coulange a surtout fait sienne, c'est la *bonté*, une bonté inépuisable qui jamais ne subit une défaillance et qui, pendant sa vie sacerdotale, a créé autour de lui une atmosphère de chaude sympathie. »

Nous sommes convaincus que cette magistrale harangue a produit sur l'auditoire une profonde émotion, et les larmes qui jaillissaient de tous les yeux de ses auditeurs ont prouvé à l'orateur, plus éloquemment que toute parole, que ses enseignements ont été compris.

Après le chant du *Credo* et pendant l'offrande, qui dure plus d'un quart d'heure, tant est grand l'empressement des bons habitants de Bezannes à donner à leur curé le témoignage de leur respectueuse sympathie, Mme Watrigant chante un *Ave Maria* de Théodore Dubois, plein de suave mélodie qu'accentue encore sa voix si douce, si flexible, si pure. Tout à l'heure, après l'Elévation, la voix de M. le docteur Louis, si bien timbrée, admirablement soutenue par les magnifiques accords de l'harmonium qui vibre sous les doigts agiles de Mlle Louis, sa fille, nous fera entendre le *OSalutaris* de Beethoven et le *Panis Angelicus* de Th. Dubois.

Quand le saint sacrifice est terminé, M. l'abbé Coulange, tout pâle d'émotion, s'avance vers la grille où une aimable enfant, Mlle Suzanne Rochet, se faisant l'interprète de la paroisse tout entière, récite un petit compliment qui est comme la conclusion de toute la cérémonie; en même temps, deux de ses compagnes offrent à leur bon curé deux superbes bouquets de fleurs.

M. l'abbé Coulange, que la violence de l'émotion étreint à la gorge, essaie de répondre à ce gracieux compliment que nous regrettons de ne pas avoir à notre disposition; les paroles sortent difficilement de sa poitrine. Lui, ordinairement si plein de feu quand il s'agit de prêcher la parole de Dieu, ne peut que balbutier; mais, je lui affirme que son émotion n'a pas peu contribué à donner aux quelques mots qu'il a prononcés toute la force qu'il voulait leur assurer, et ces enfants, leurs parents, la paroisse tout entière n'oublieront pas de sitôt ces principes d'honneur, de dignité et de vertu basés sur la foi chrétienne, sur lesquels le vénéré jubilaire a si particulièrement insisté. Avec lui, nous disons aux aimables habitants de Bezannes, si empressés à aller le saluer au presbytère après la cérémonie, ces paroles d'une cantate composée par quelqu'un qui, mieux que tout autre, connaît M. l'abbé Coulange, et chantée en son honneur par les jeunes filles de la paroisse:

A vous, les élus de mon cœur,
Les derniers élans de son zèle!
Vous avez la place d'honneur;
A sa tâche il sera fidèle.

Au fidèle serviteur du Christ, au bon abbé Coulange, nous disons avec nos confrères, ses paroissiens: *Ad multos annos!* Que la bénédiction toute paternelle que lui a octroyée gracieusement en ce jour Son Eminence Mgr le Cardinal Luçon, soit pour lui, pendant de longues années encore, le gage des bénédictions célestes. »

Un vieux Frère.

Je demande à l'auteur de cet article la permission de faire une petite addition pour réparation d'oublis.

Je voudrais nommer:

M. Poullot, involontairement absent, qui a voulu à sa façon, et d'une manière discrète, contribuer à la fête.

M Bataille. qui après avoir, une seconde fois, payé sa bienvenue dans le pays, s'est arraché à ses nombreuses occupations pour venir se mêler à la population en liesse pour un motif si louable.

Article complémentaire

L'auteur du premier article était parti au potage; il ne pouvait pas parler de ce qui s'est passé au dessert, et en particulier de la remise de la médaille commémorative dont il est fait mention dans celui-ci.

Les noces d'or de M. l'abbé Coulange. — On nous écrit:

« Monsieur le Rédacteur,

« J'ai lu avec plaisir le compte-rendu minutieusement exact de la cérémonie religieuse du cinquantenaire sacerdotal de l'abbé Coulange, curé de Bezannes.

Comme assistant, je me permets de compléter ce que n'a pas dit l'auteur de ce résumé comme suite à la messe du cinquantenaire.

Aussitôt cette messe, nous fûmes réunis à une trentaine à un déjeuner très confortable, quoique modeste, pendant lequel plusieurs discours ont été prononcés.

Premièrement, celui de M. l'abbé Legras, curé-doyen de St-Jacques, qui a eu à ses côtés l'abbé Coulange pendant plusieurs années et qui s'est ainsi exprimé:

« Messieurs,

« Vous laisser sous le charme des belles paroles que vous avez entendues ce matin et me taire: c'est sans doute ce que j'aurais de mieux à faire. Vous me pardonnerez cependant si, pour avoir connu plus intimement, depuis onze ans, le héros de cette fête touchante, je souligne, j'accentue un trait dans la physionomie de ce prêtre vénérable.

Oui, M. le Prédicateur le disait avec vérité: « M. l'abbé Coulange, avant tout, est un grand cœur. Il a été bon, toujours bon, bon avec tous et malgré tout! »

Le prêtre est un autre Christ; c'est surtout par la bonté que M. l'abbé Coulange a rappelé le divin Maître. Comme lui, il a été bon pour les enfants, et je me souviens encore, comme à Saint-Jacques, ils accouraient à lui pour recevoir une caresse, une bonne parole. Il a été bon pour les malheureux: que de fois je l'ai vu s'attendrir et s'apitoyer sur ceux qui souffrent!

Il a été bon; bon surtout pour ceux qui lui ont fait quelque peine; jamais il n'a su conserver un souvenir amer.

On vous a rappelé, ce matin, combien il avait été bon pour nos soldats quand, en l'année terrible, ils allaient combattre pour notre chère patrie, il allait, lui aussi, consoler, adoucir et sanctifier à leurs derniers moments ceux qui tombaient; il eût donné sa vie volontiers.

Il a été bon pour tous ses paroissiens, ceux qu'il a quittés lui conservent au fond du cœur un affectueux souvenir; j'en avais un nouveau témoignage il y a quelques jours à peine. Je ne veux pas parler de sa bonté pour les habitants de cette paroisse: leur empressement à l'entourer ce matin, au pied de l'autel, dit assez haut qu'à Bezannes, comme ailleurs, il a su se faire aimer.

Parfois, l'expérience que donne une longue vie éteint la bonté dans un cœur; on a rencontré sur son chemin tant d'ingratitudes et de déceptions! On arrive fatalement à douter de l'affection et du dévouement.

M. l'abbé Coulange ne connaît pas cette infirmité du cœur, pas plus que nul autre; son cœur est resté jeune et toujours débordant d'affection. Il reste et restera bon!

Messieurs, plus tard, quand la mort nous aura couché dans la tombe, croyez-le bien, le seul souvenir durable que nous puissions laisser sera celui de notre bonté! Ce sera certainement celui que laissera M. l'abbé Coulange.

En attendant, je lève mon verre en son honneur. Puisse-t-il encore de longues années nous donner son affection et son cœur! »

A la suite de ces belles et expressives paroles, M. le Doyen de Ville-en-Tardenois se lève et nous raconte comment, dans une réunion de plusieurs prêtres, il a fait allusion aux cinquante années de sacerdoce de M. l'abbé Coulange. Spontanément, plusieurs de ces Messieurs ont proposé de fêter ses noces d'or, et la fête fut décidée pour la saint Nicolas, patron de l'abbé, en l'église de Bezannes.

Très spirituellement, M. le Doyen nous conte quelques petits passages de la vie de l'abbé Coulange, pour nous montrer jusqu'où allait sa bonté, ceci dit en camarade, comme on aime toujours à rappeler les bonnes heures vécues ensemble.

Ensuite, M. le Doyen de Ville-en-Tardenois remet comme

souvenir, au nom de tous ses confrères, une belle petite médaille en vieil argent finement ciselée, portant à l'avers un sujet religieux et à l'envers les deux dates: celle de la première messe et celle du cinquantenaire.

Nous croyions tout terminé, nous étions ravis, quand un des prêtres, dont j'ai oublié le nom, se lève et déplie un vieux journal de 1860, l'*Union de Vouziers*, donnant le compte-rendu de la première messe de l'abbé Coulange à Vouziers, son pays natal. Nous avons tous été très touchés de cette si délicate attention, nous montrant le jeune lévite ordonné prêtre avant l'âge, et le beau vieillard dont les serments sacrés de cette date ne se sont jamais amoindris, au contraire renforcés pendant cinquante ans d'une vie de douceur, de bonté et de générosité.

Nous nous sommes tous quittés avec une joie infinie d'avoir assisté à une aussi belle journée.

Quant à moi, aussi joyeux au moins autant que tous, je me suis dit intimement: *Donec optata veniant!*

Un Assistant (du commencement à la fin).

***

Pour répondre au désir exprimé par l'auteur de cet article, nous citerons un incident du ministère pastoral de M. l'abbé Coulange, raconté avec humour par M. l'abbé Lang:

Notre jubilaire se rendait de Courville à Courlandon pour répondre à l'appel de M. le Curé de Romain qui l'avait invité à adresser les instructions de l'après-midi aux enfants de la Première Communion. En arrivant dans le voisinage de la Bonne Maison, il rencontra un troupeau de moutons; il échange les saluts d'usage avec le berger et continue son chemin. Mais quel était le fluide qui se dégageait de sa personne ou de ses habits? Les moutons, en petit nombre d'abord, s'attachent à ses pas. Croyant se soustraire à leur poursuite, il accentue sa marche. C'est l'effet contraire qui se produisit: tout le troupeau, au pas de course, se rassemble autour de lui. Le voilà leur prisonnier. Il fait de vains efforts pour sortir du cercle envahisseur et pour se dégager de l'étreinte; le berger, de son côté, rappelle ses moutons tandis que l'abbé les repousse. Il fallut capituler, les reconduire dans la cour de la ferme et boucher toutes les issues. Le bon pasteur put enfin reprendre sa course et arriver encore en temps utile pour exercer son ministère.

Extrait du *Bulletin du Diocèse*

10 Décembre 1910

Je soupçonne M. l'abbé Bouché, le chroniqueur diocésain, d'être l'auteur de ces lignes bienveillantes:

BEZANNES. — M. l'abbé Coulanges, curé de cette paroisse, a célébré, mardi 6 courant, la fête de ses noces d'or sacerdotales, retardée à cause des travaux des champs, car il fut ordonné par le cardinal Gousset, le 2 septembre 1860, dans la chapelle du palais archiépiscopal, avec MM. Niclosse et Chardinal. Une vingtaine de prêtres, en tête desquels MM. les chanoines Legras, doyen de Saint-Jacques, et Ladame, supérieur du petit Séminaire; Lang, doyen de Ville-en-Tardenois, assistaient à cette belle cérémonie, ainsi que M. le docteur H. Vincent, de Vouziers, ami d'enfance du jubilaire, le docteur Louis et la plupart des habitants de Bezannes.

M. Ladame fut l'orateur de la fête et il en profita pour célébrer, avec les joies du sacerdoce, la mémoire des nombreux prêtres enfants de la paroisse de Vouziers, pays de M. Coulanges et le sien.

Vœu final

Ad multos annos, feliciter, feliciter. Il a été exprimé par le Jubilaire lui-même, au cours de la cérémonie, dans des termes vivement sentis où dominait la joie du souvenir. Le souvenir, en effet, a plus de charme que l'espérance : quelle satisfaction déjà d'avoir échappé à tant de désastres, tandis que l'espérance est si souvent nébuleuse, et cependant, on ne peut pas repousser le don de Dieu. Qu'il dissipe donc les nuages qui assombrissent l'avenir et qu'il nous permette d'élever nos regards en haut et de dire avec l'écusson suspendu au-dessus de nos têtes: *In æternum,* que tous nous soyons enfin baignés dans l'océan des félicités éternelles.

Epilogue

Il nous est bien permis, en terminant, de répéter avec l'Ecclésiaste : *In omni ore quasi mel indulcabitur memoria ejus* (Eccl., XLII.) « Dans toutes les bouches le souvenir de ce jour mémorable aura la douceur du miel. »

REIMS. — IMPRIMERIE JEANNE D'ARC.

www.ingramcontent.com/pod-product-compliance
Ingram Content Group UK Ltd.
Pitfield, Milton Keynes, MK11 3LW, UK
UKHW020402250726
13967UKWH00005B/2422

9 782013 054591